LIVRE DE COLORIAGE

VOITURES EN FOLIE

TOME 01

POUR ENFANTS DE 4 À 8 ANS

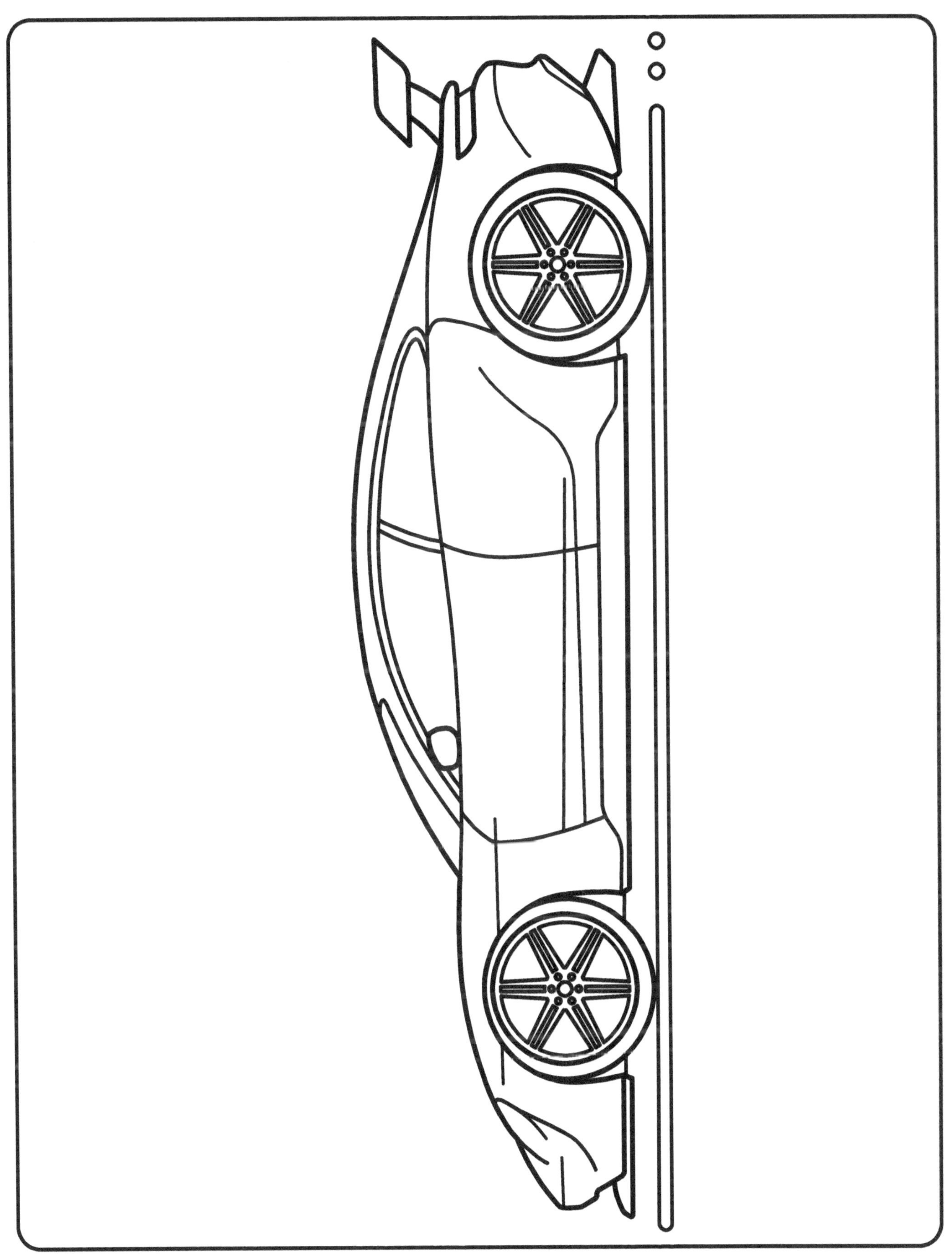

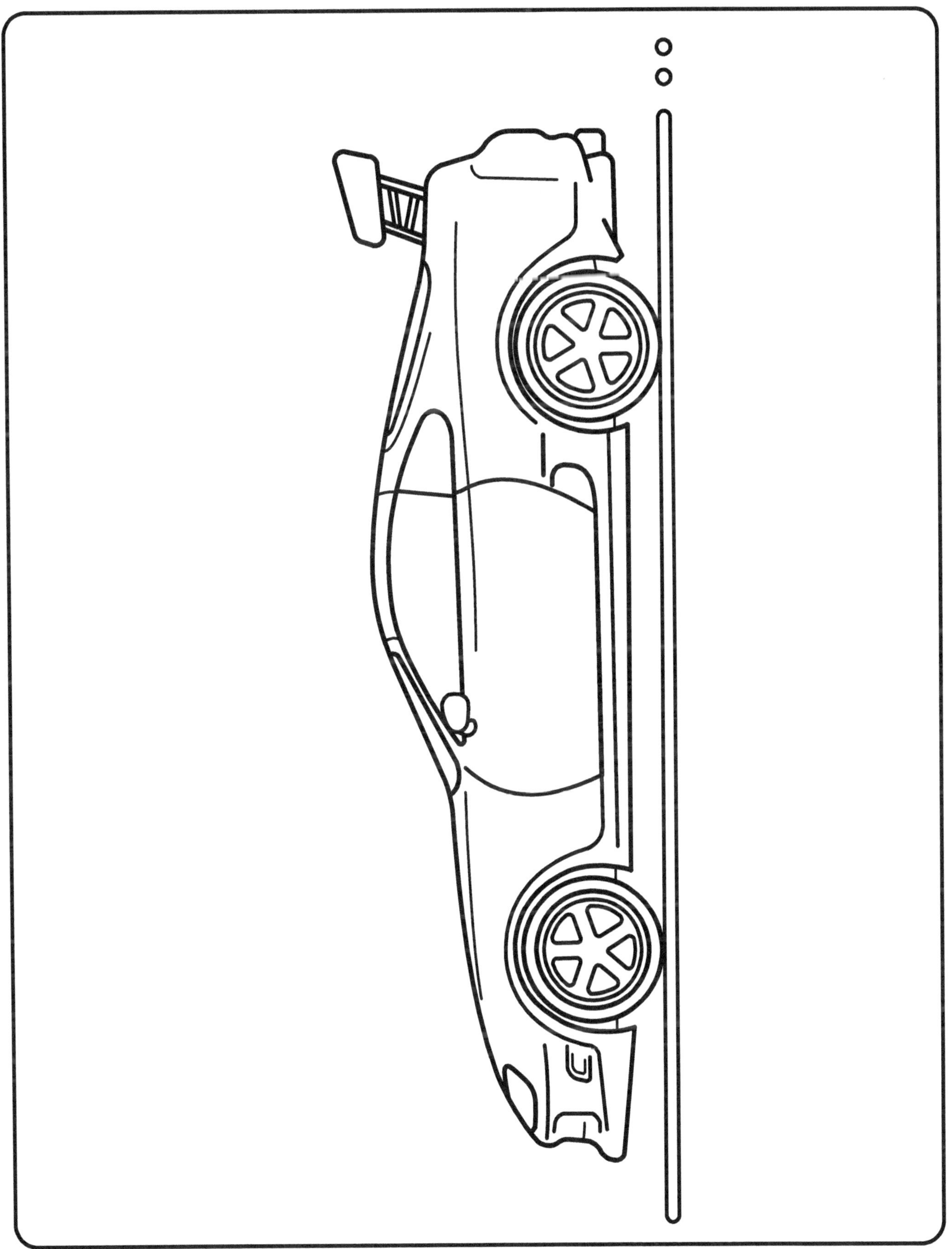

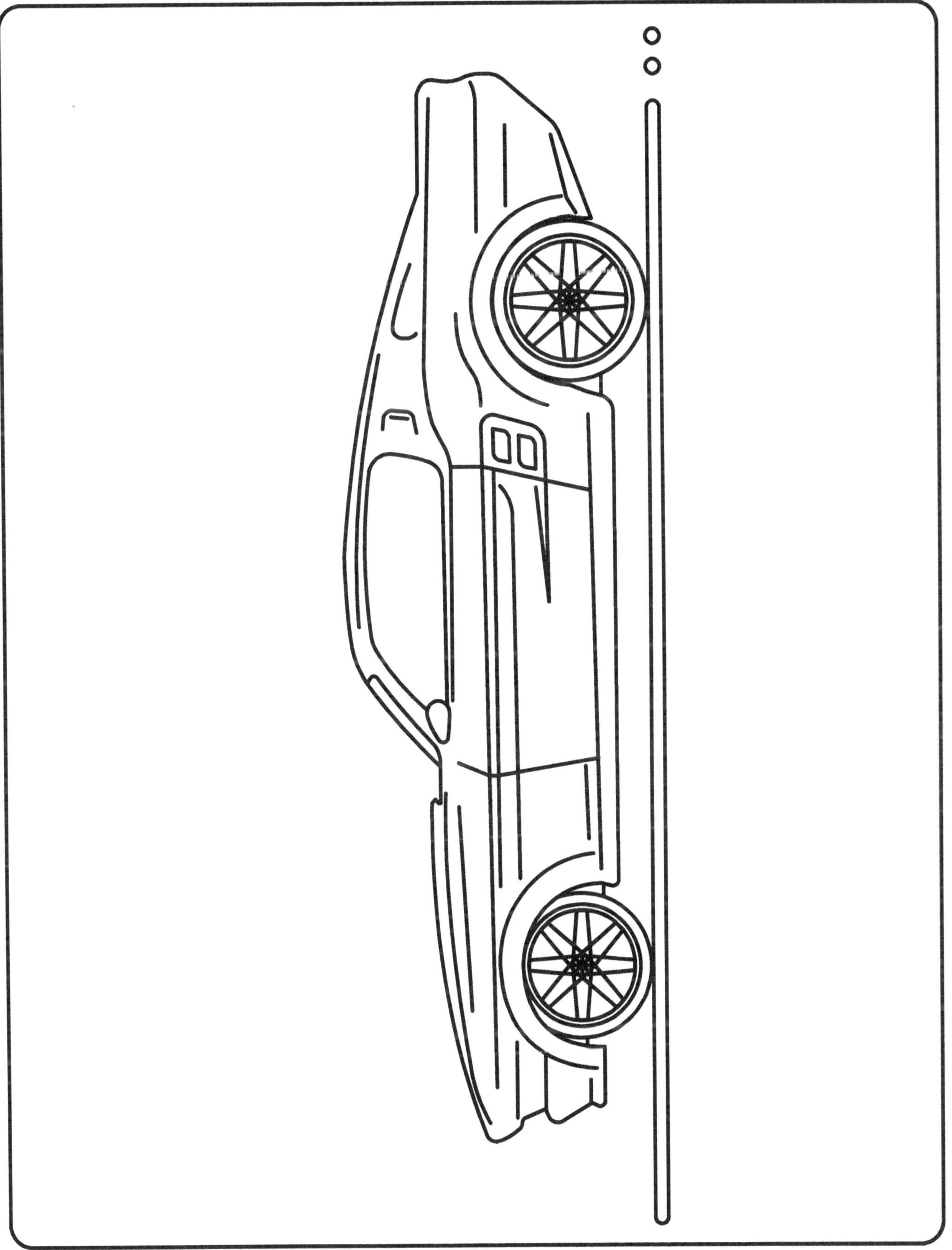

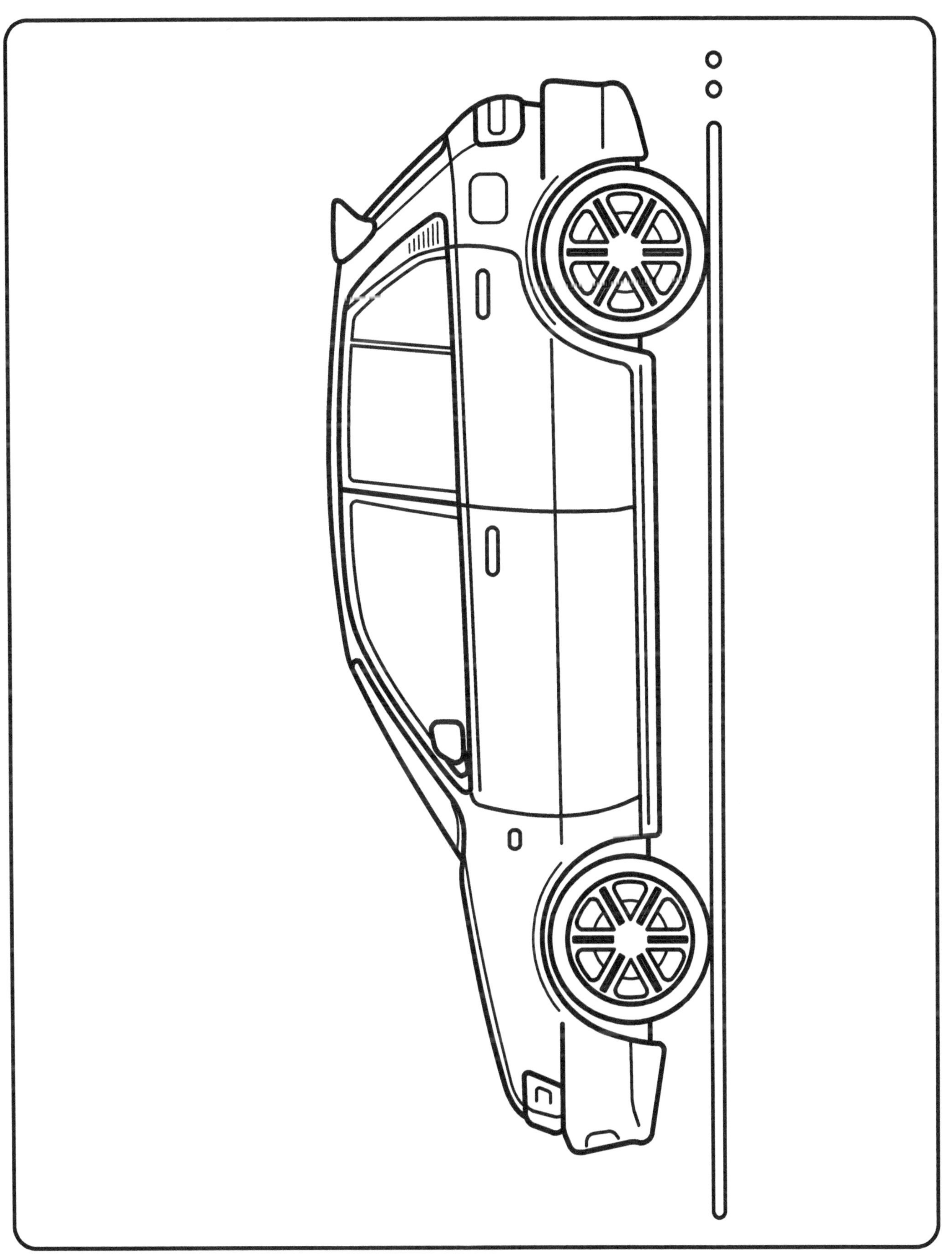

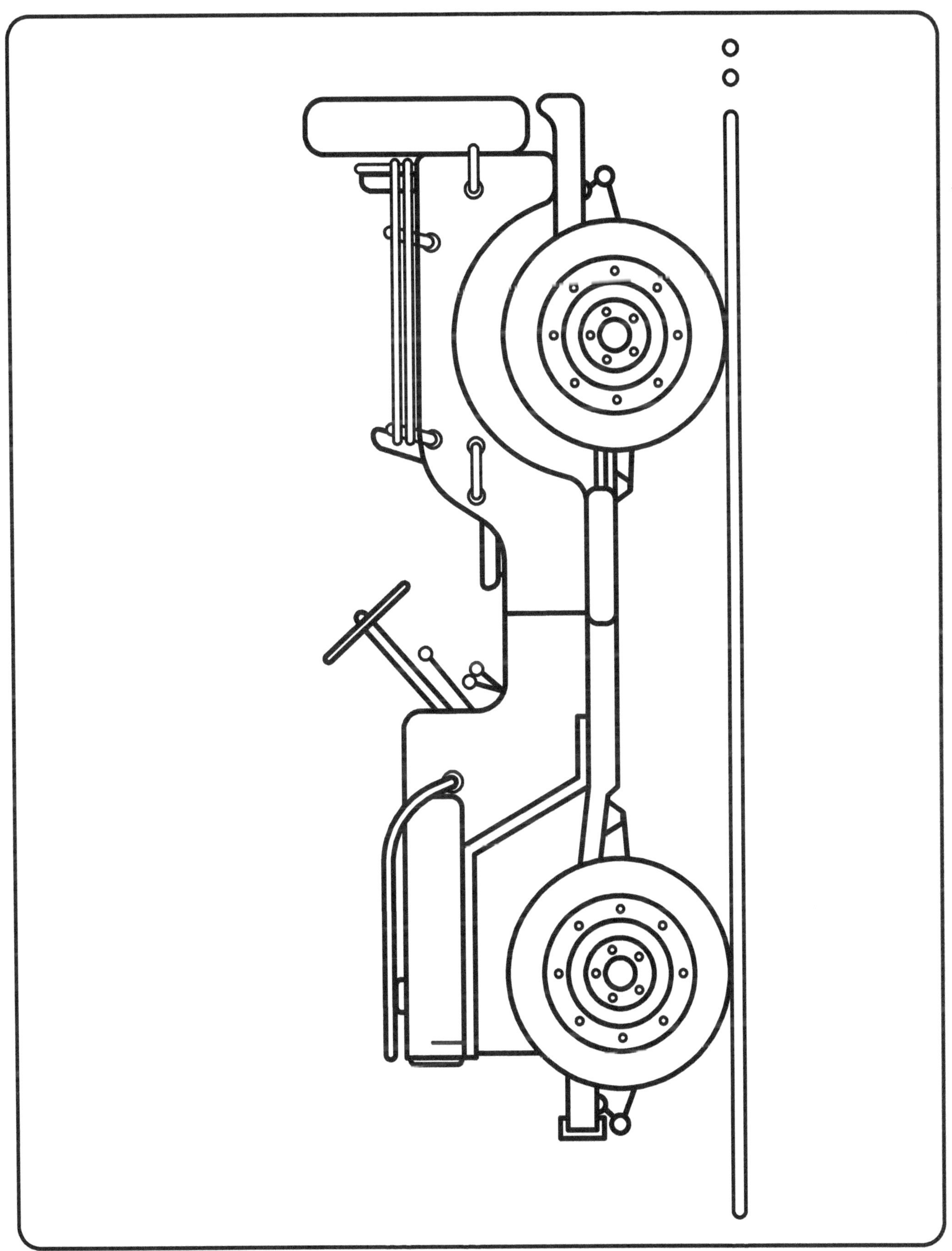

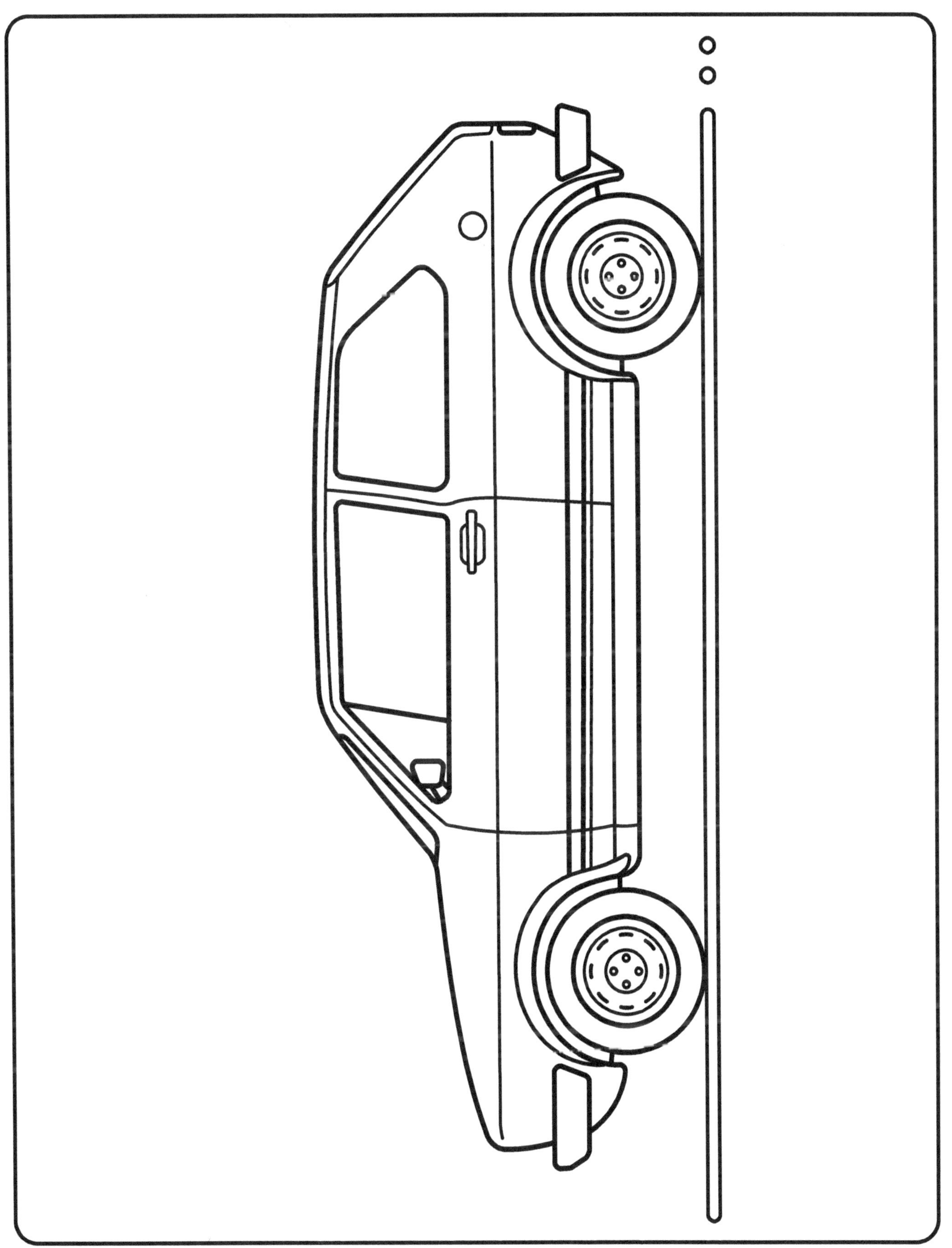

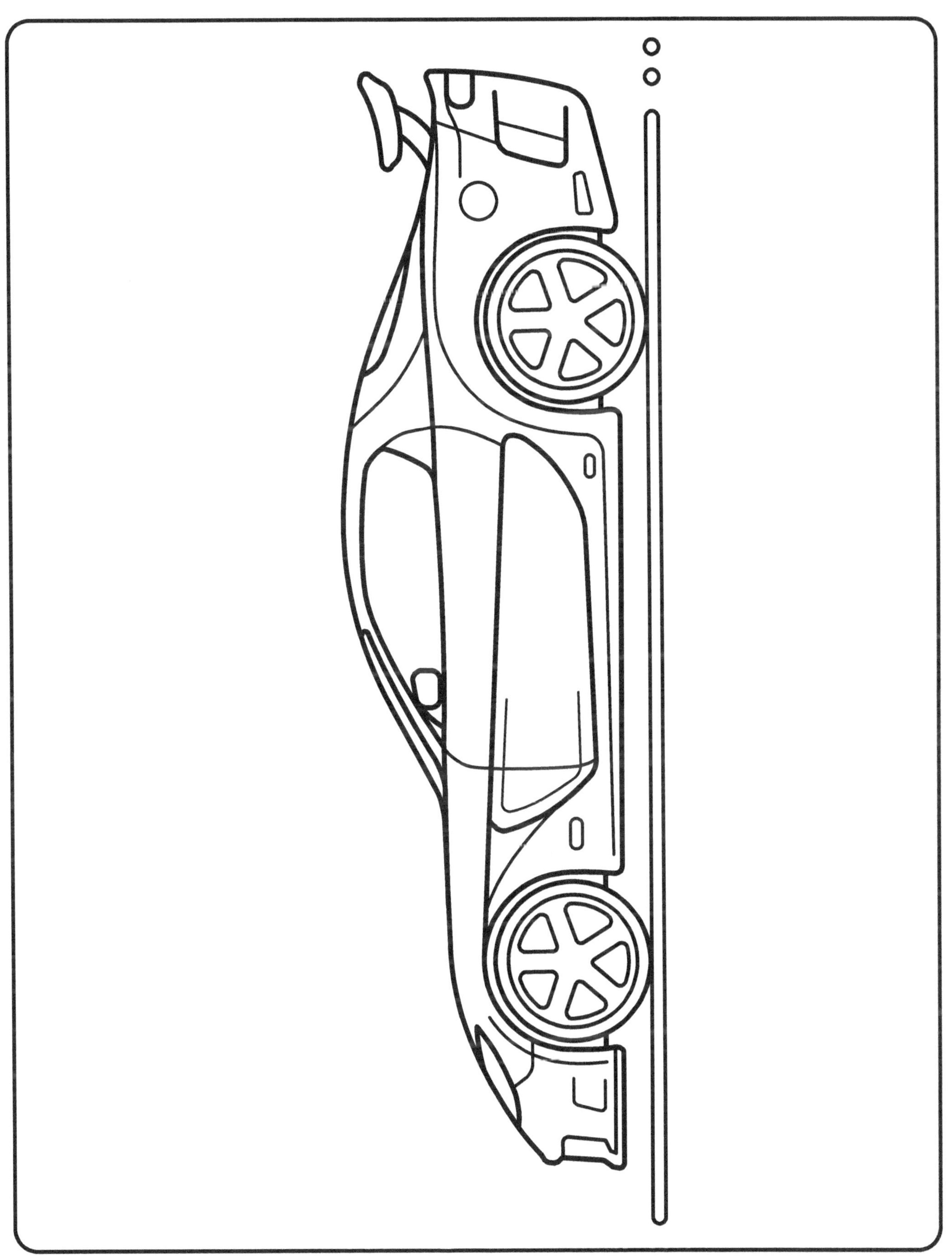

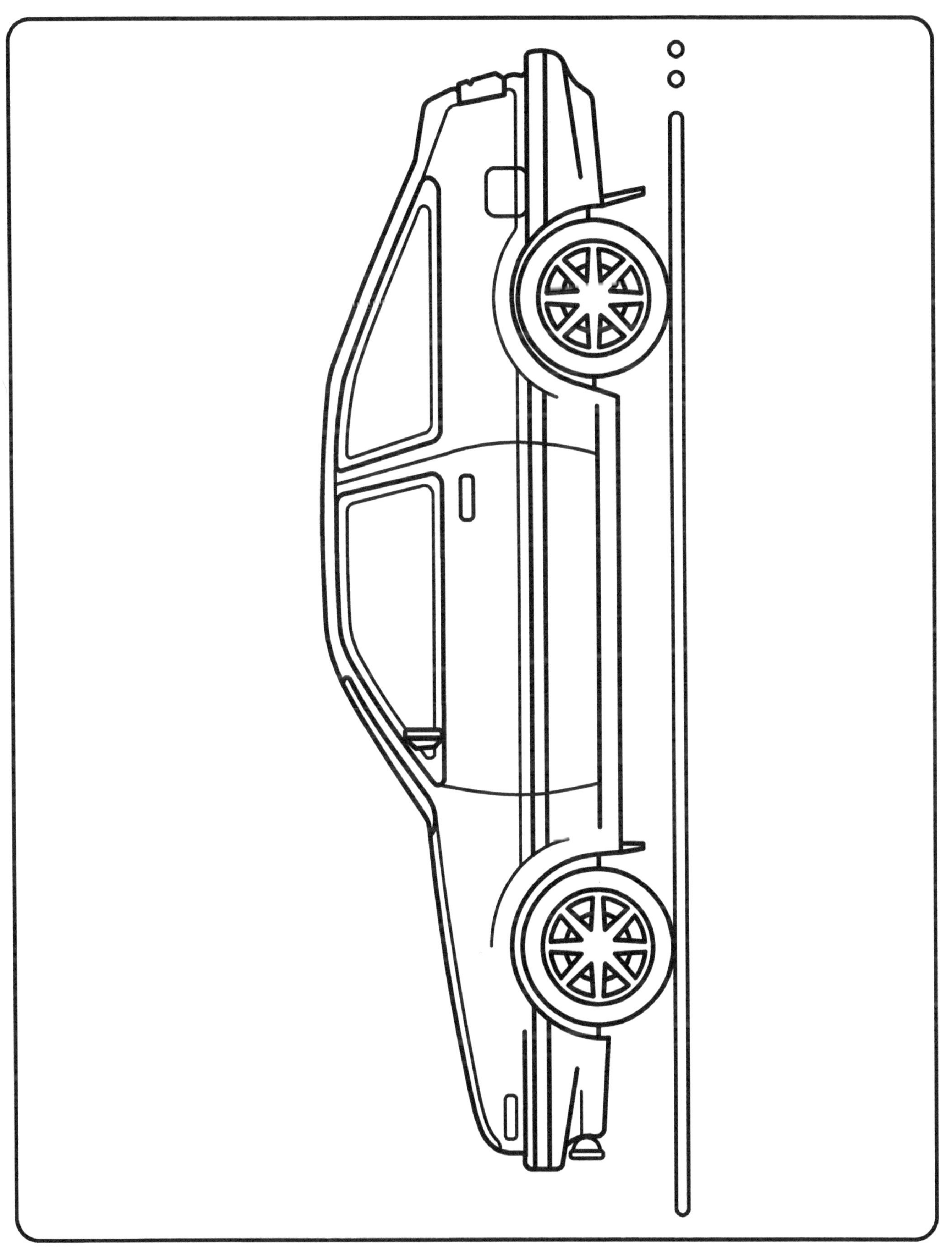

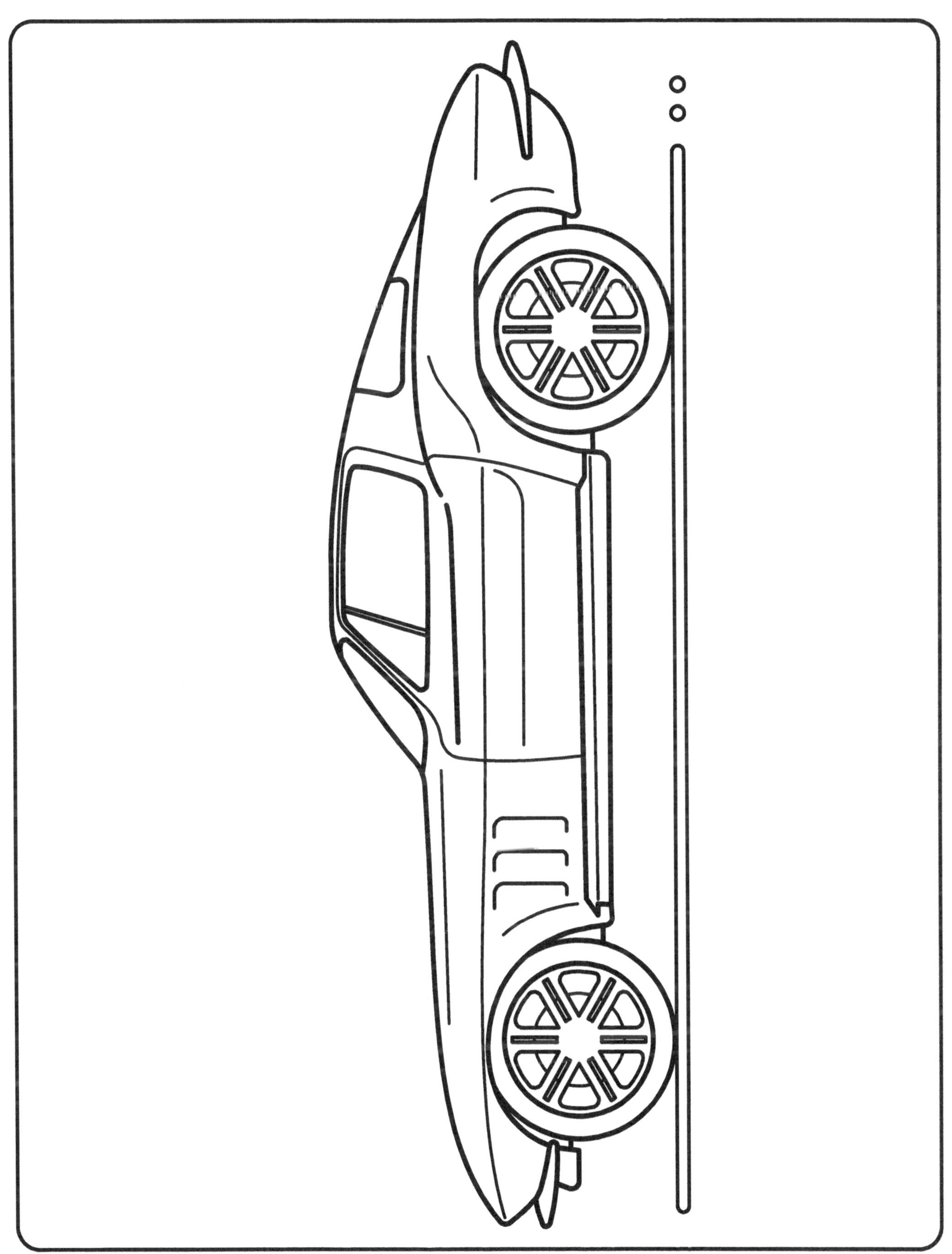

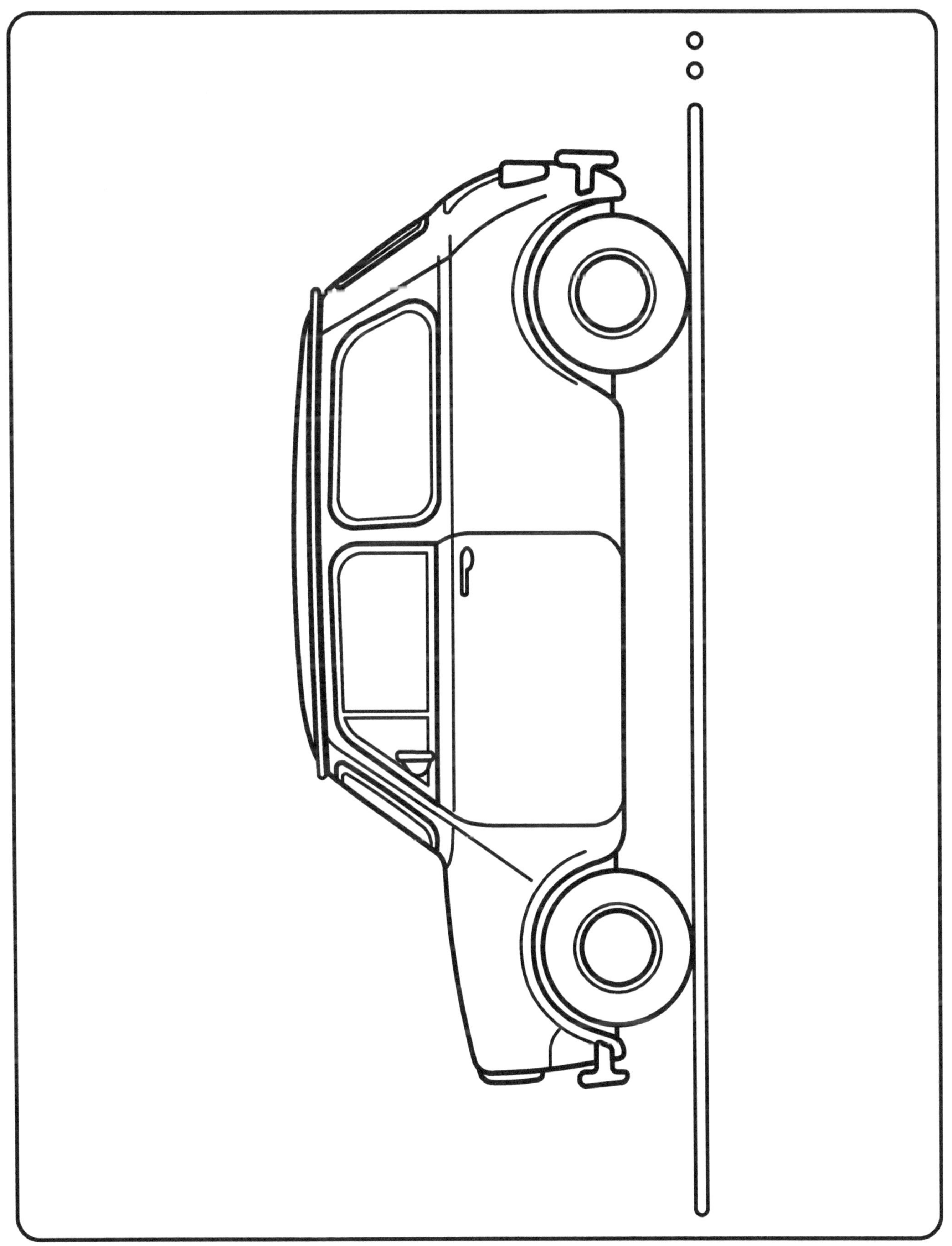

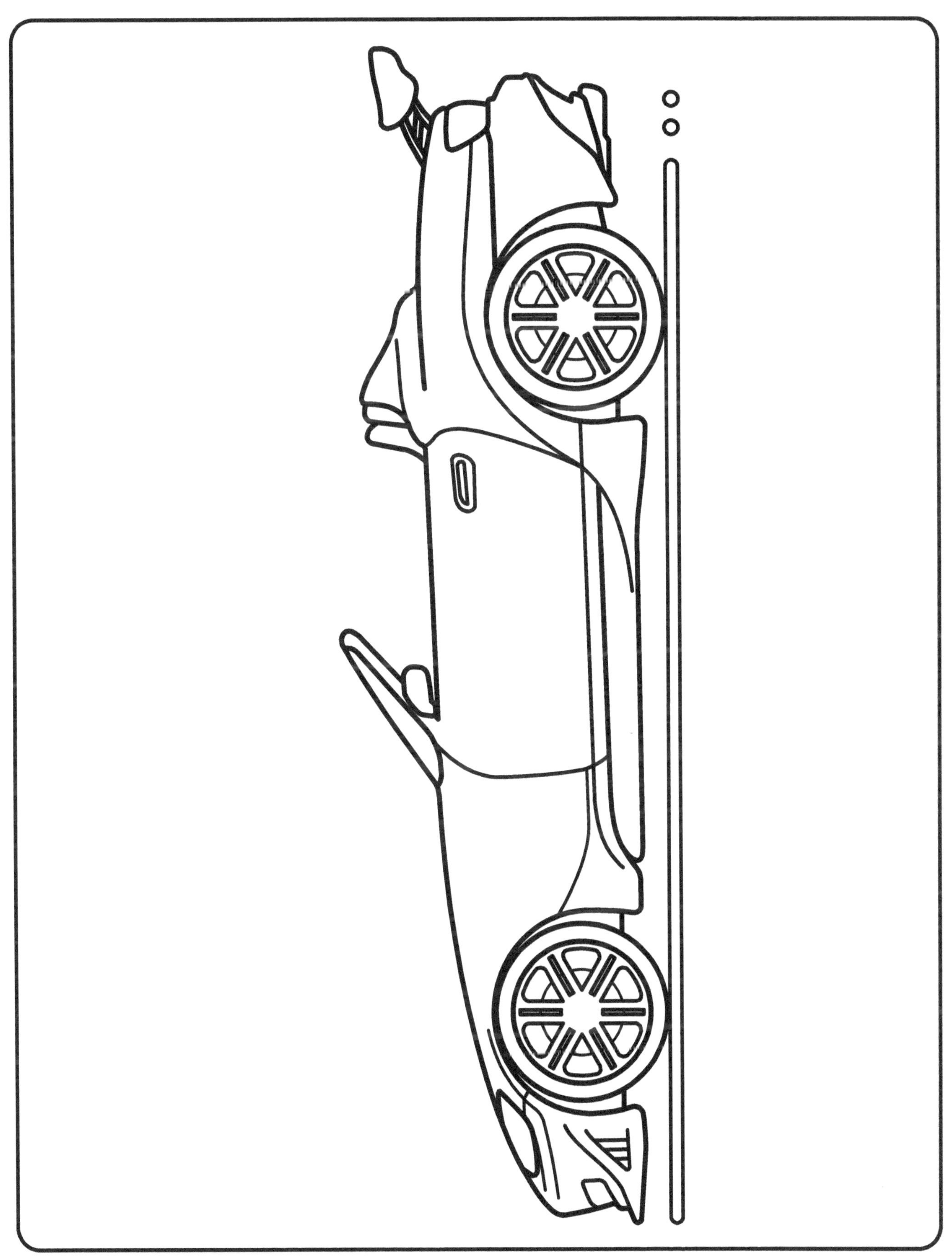

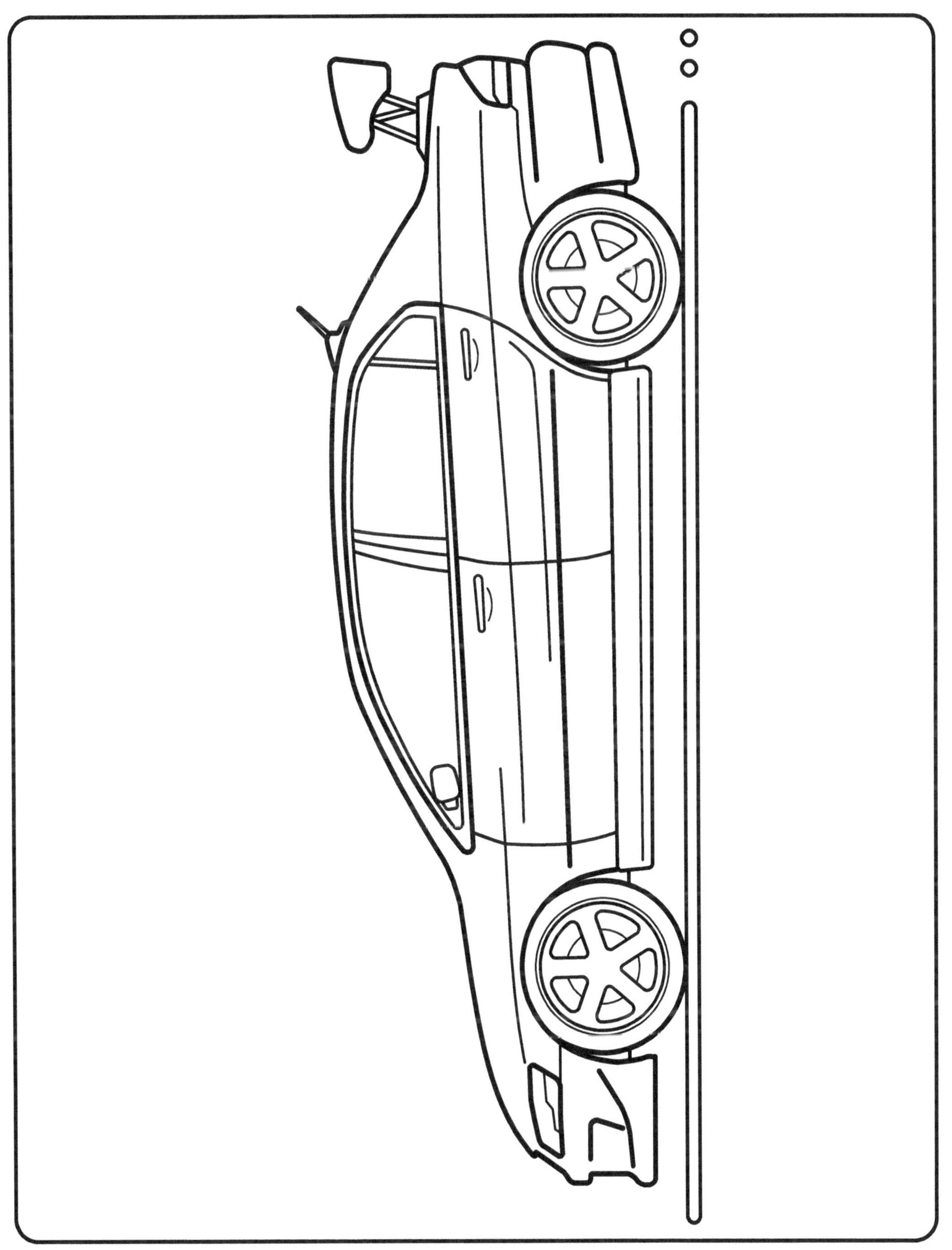

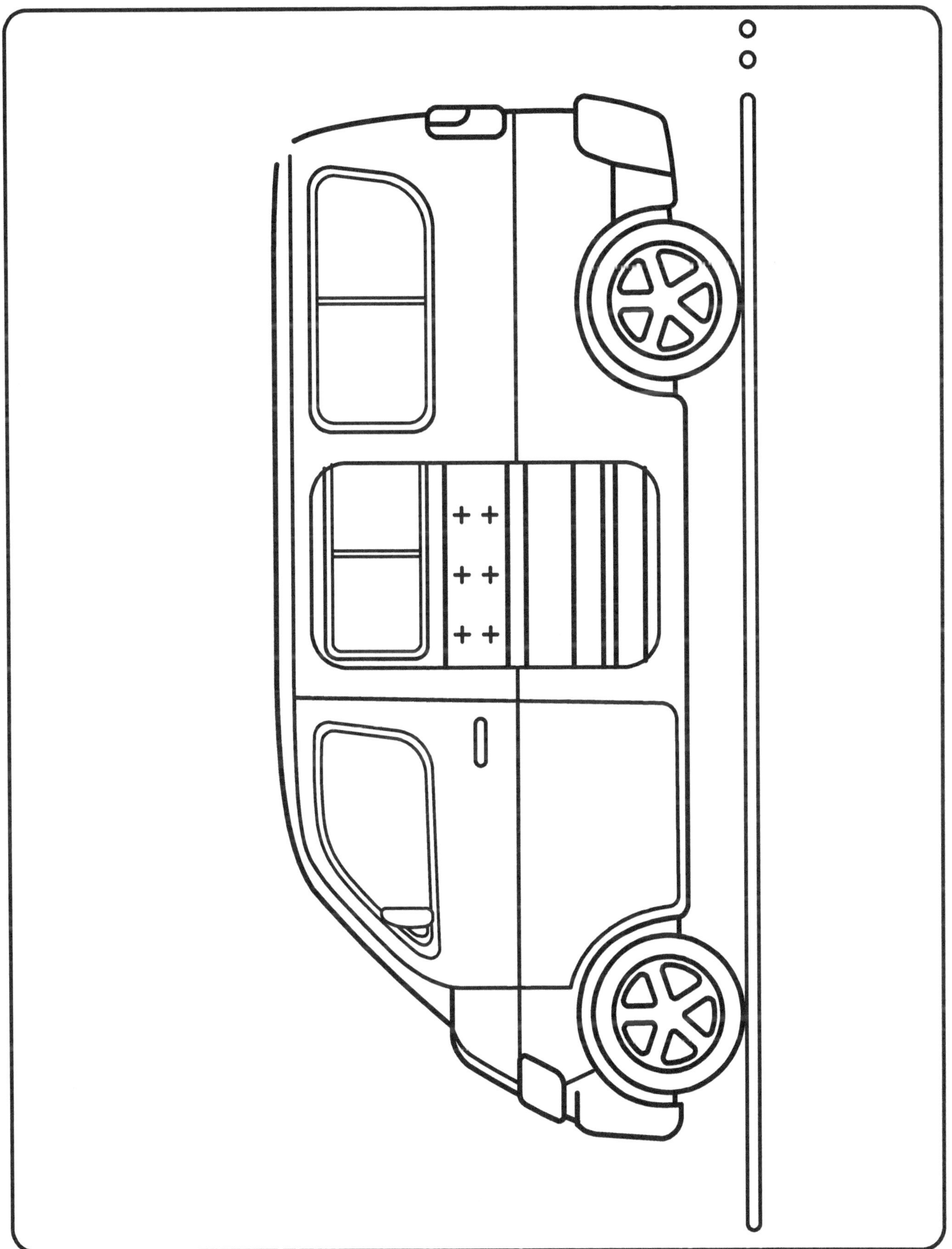

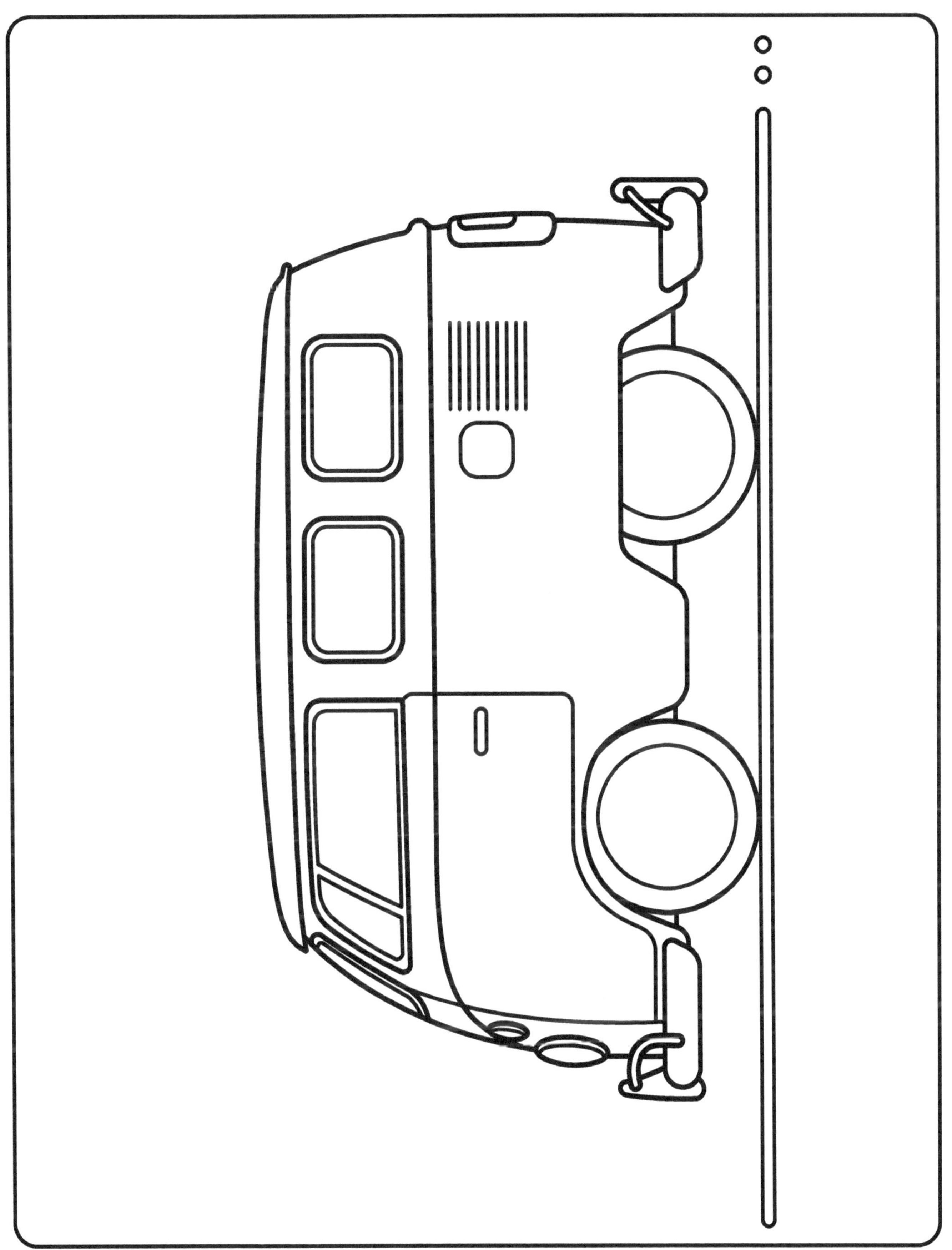

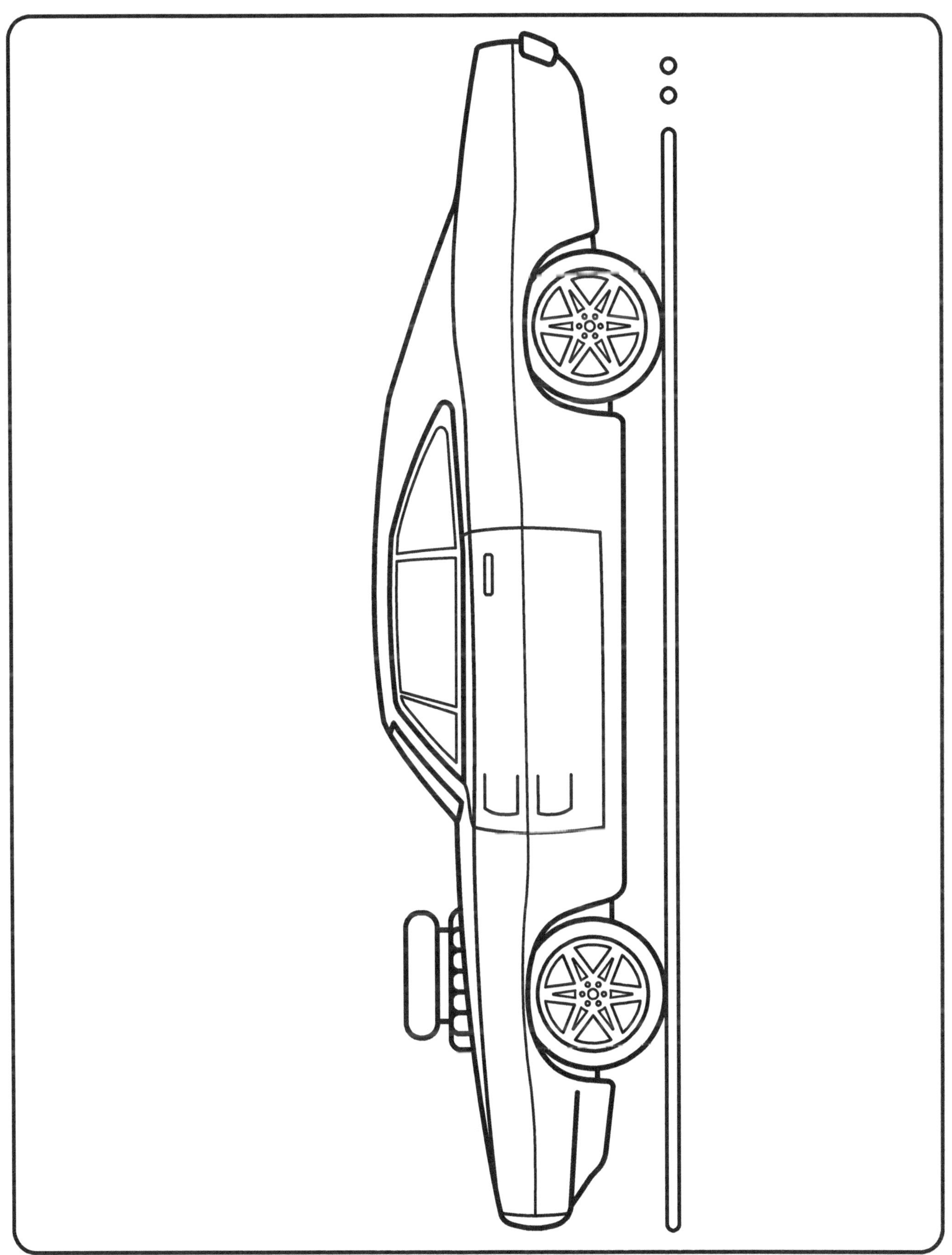

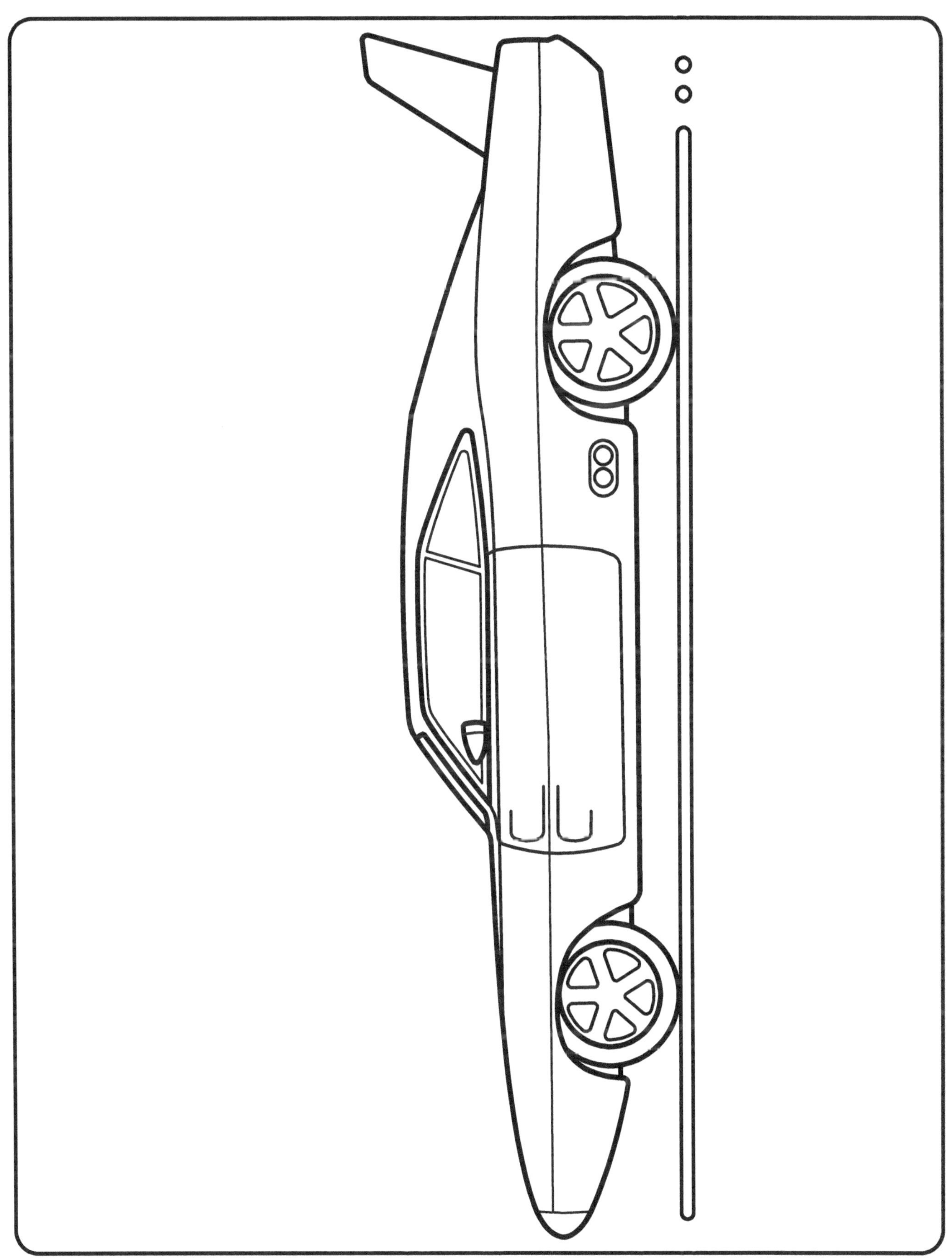

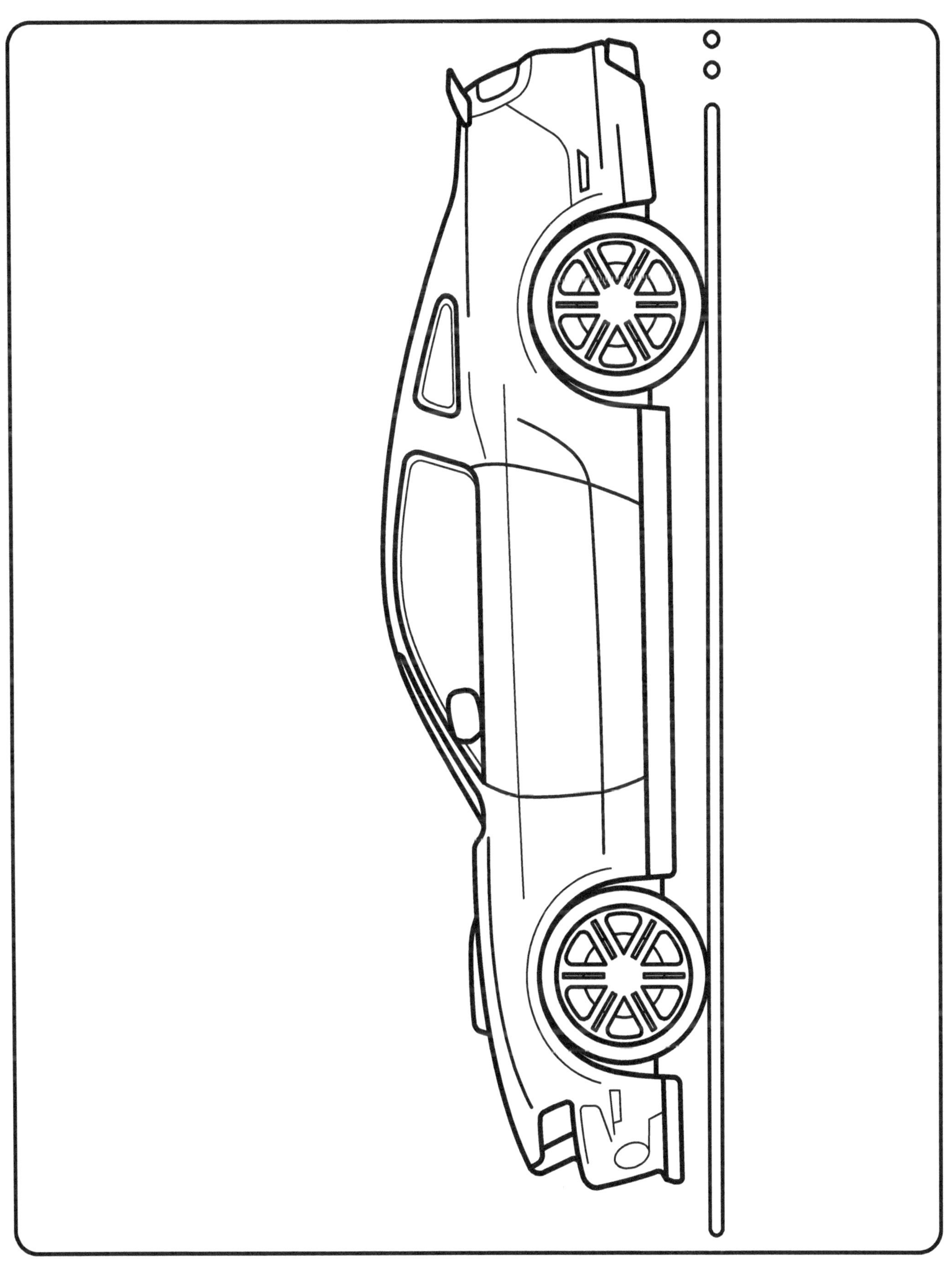

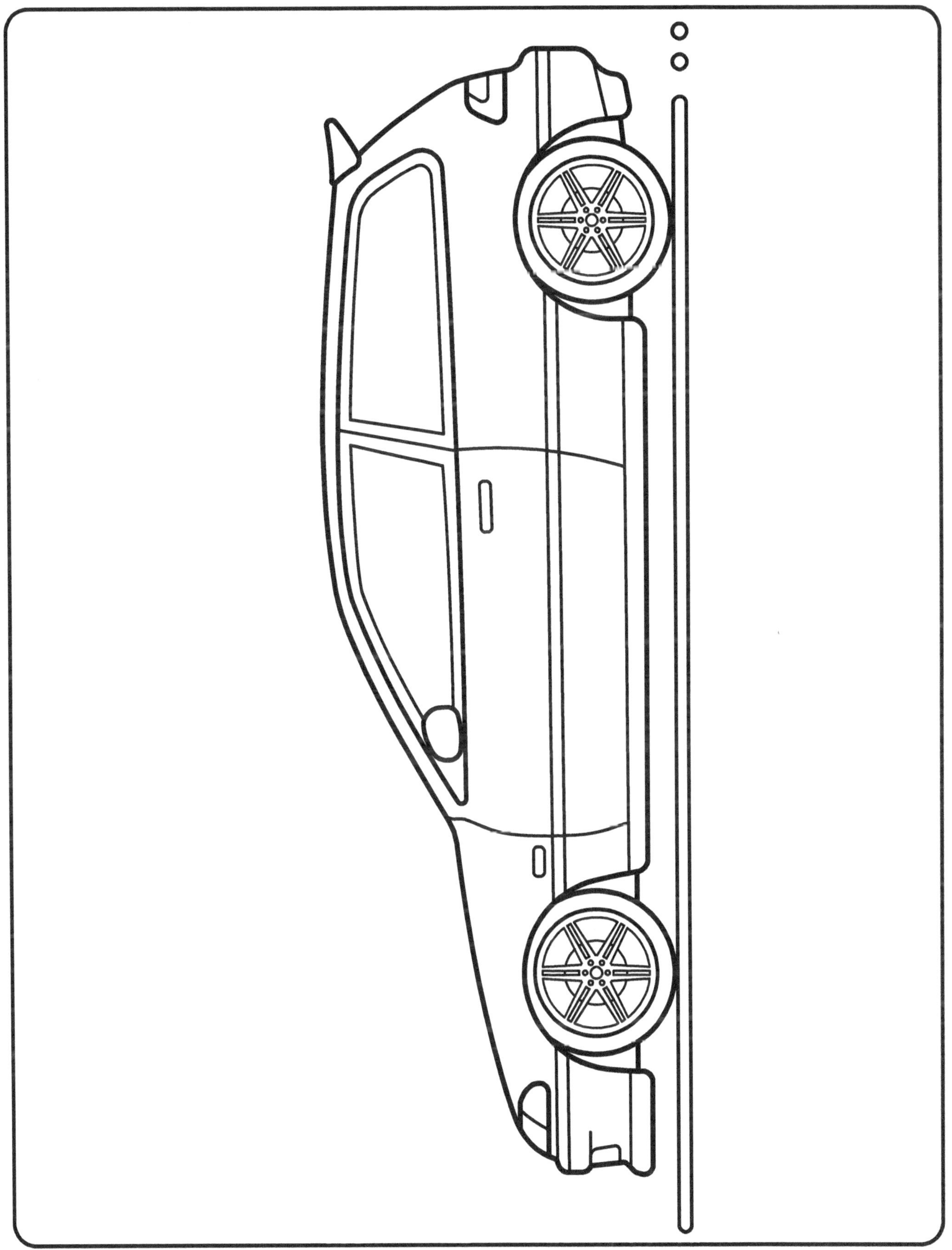

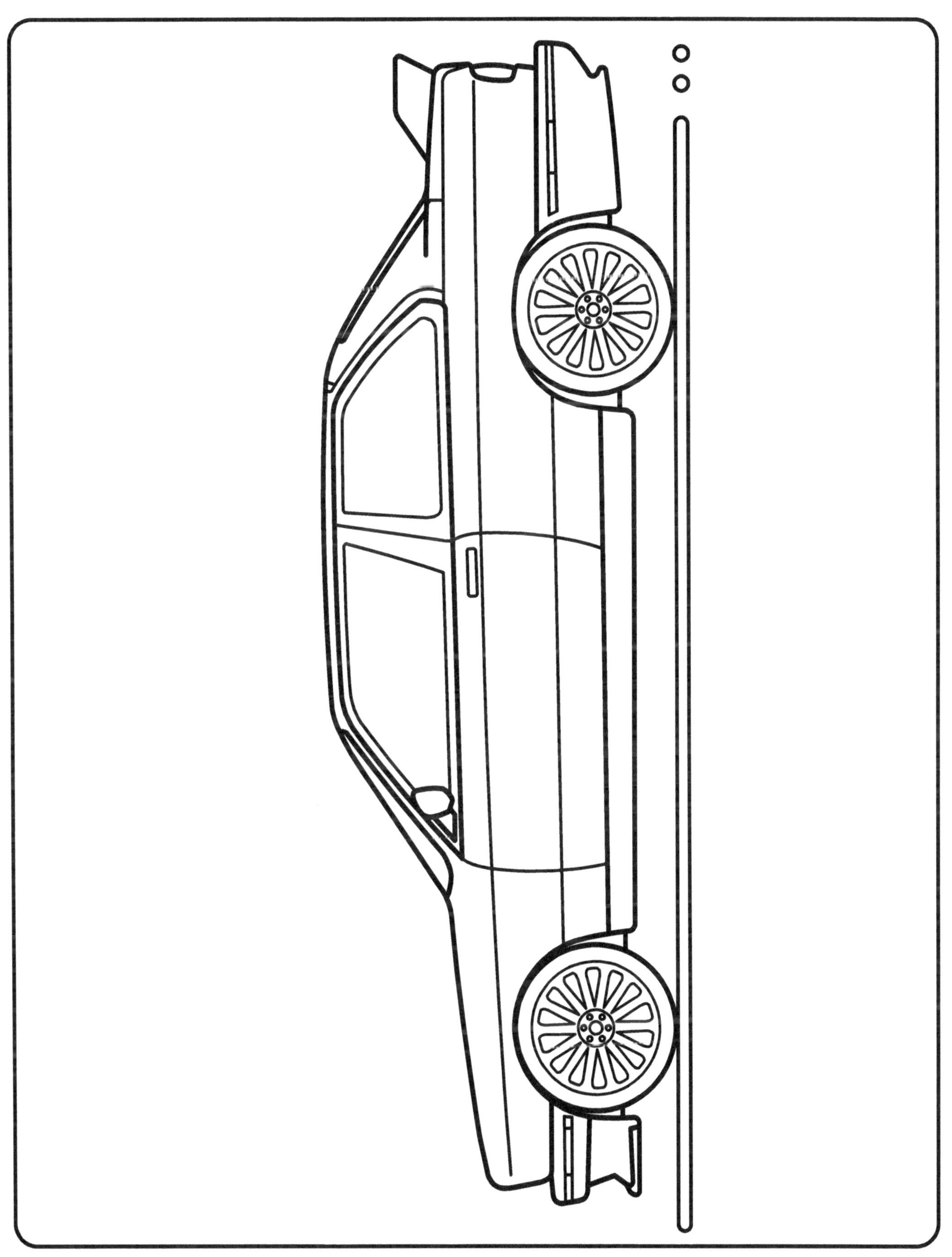

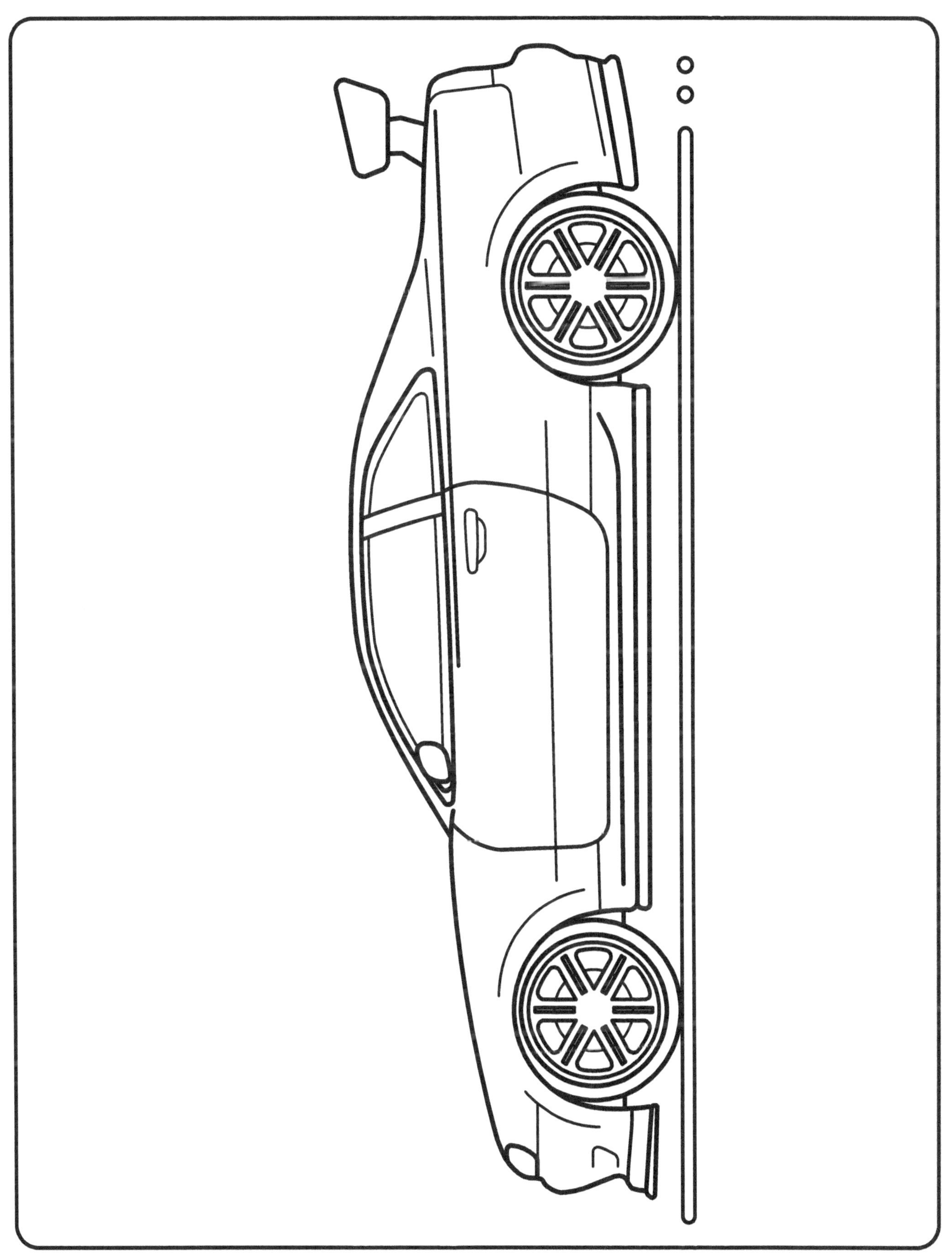

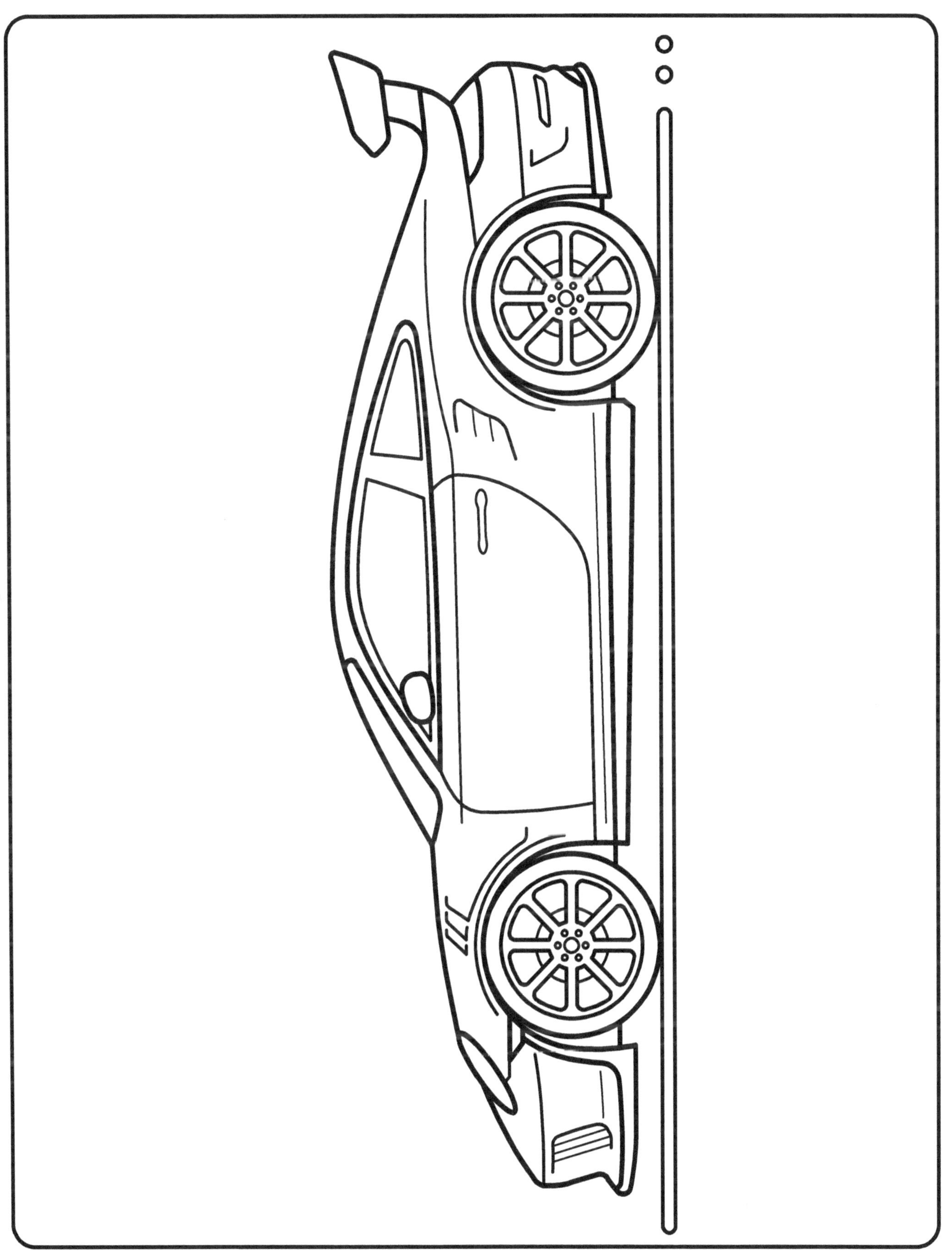

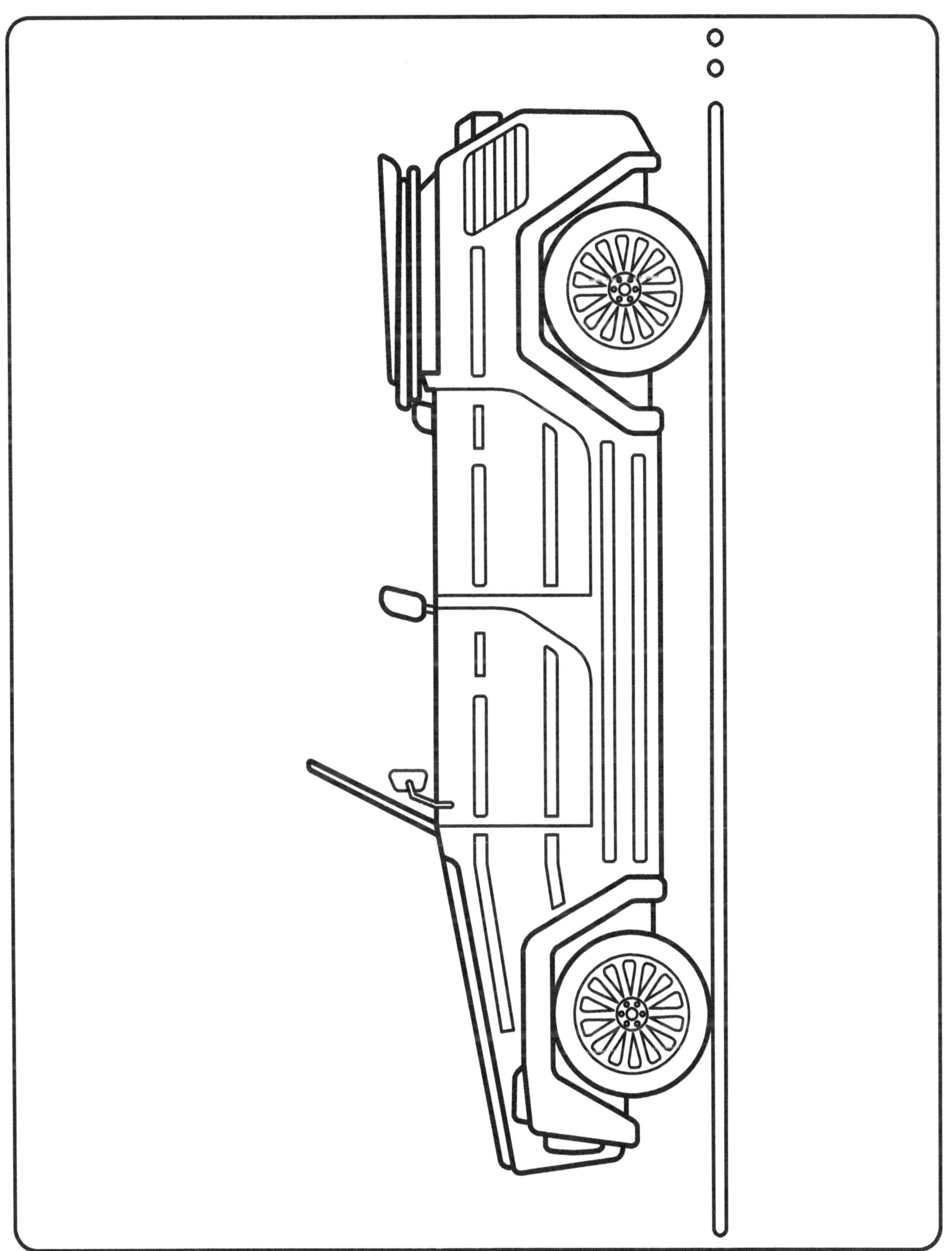

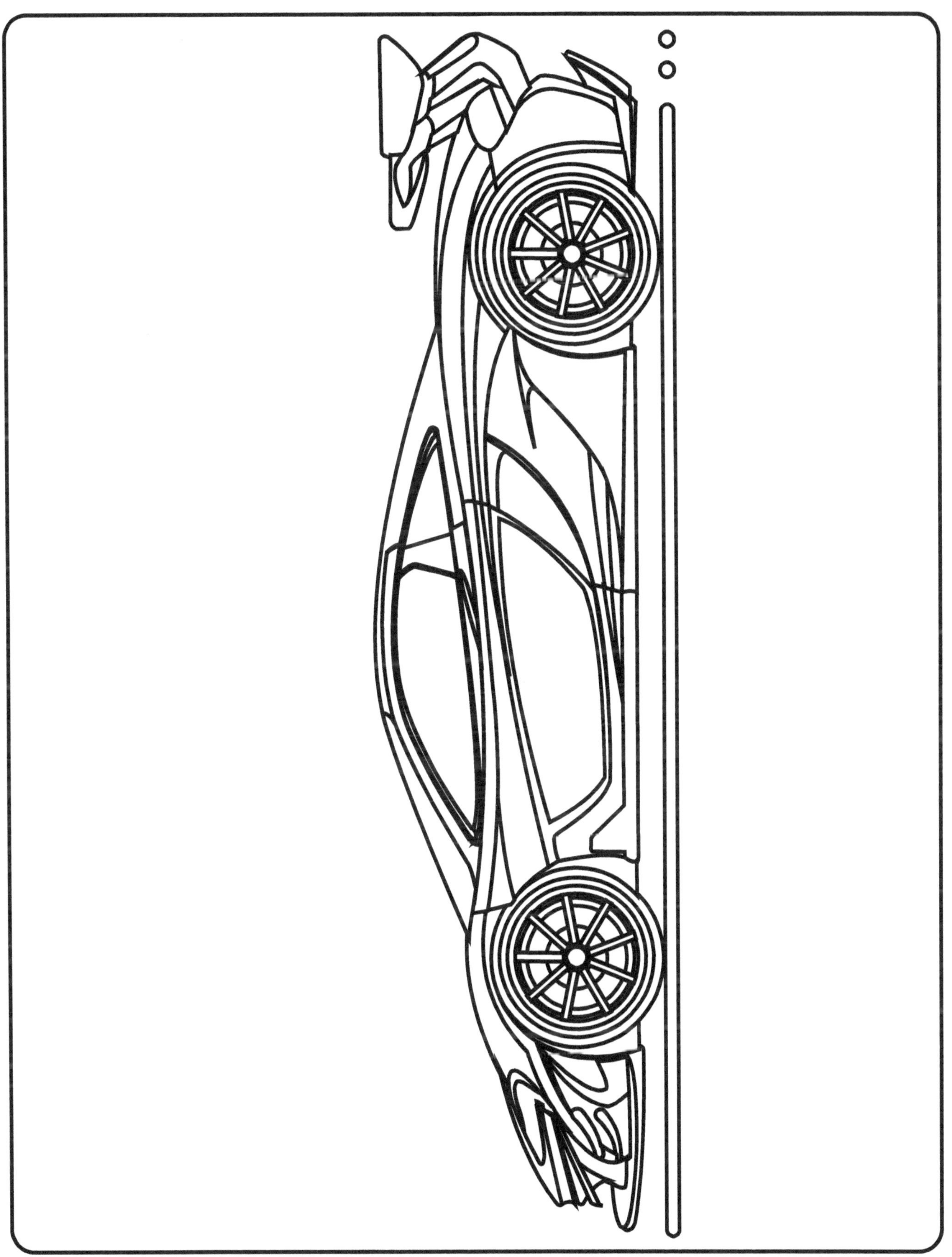

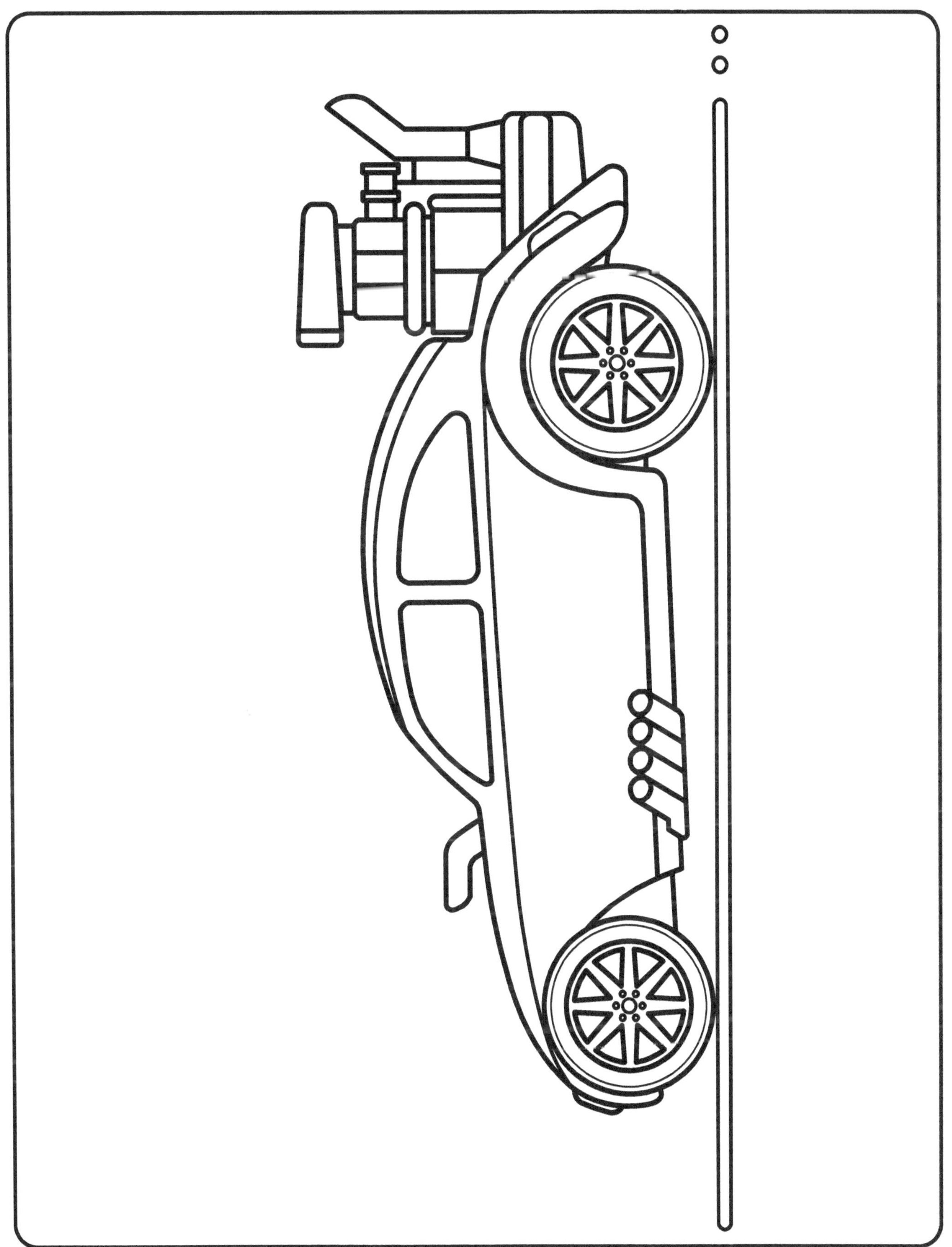

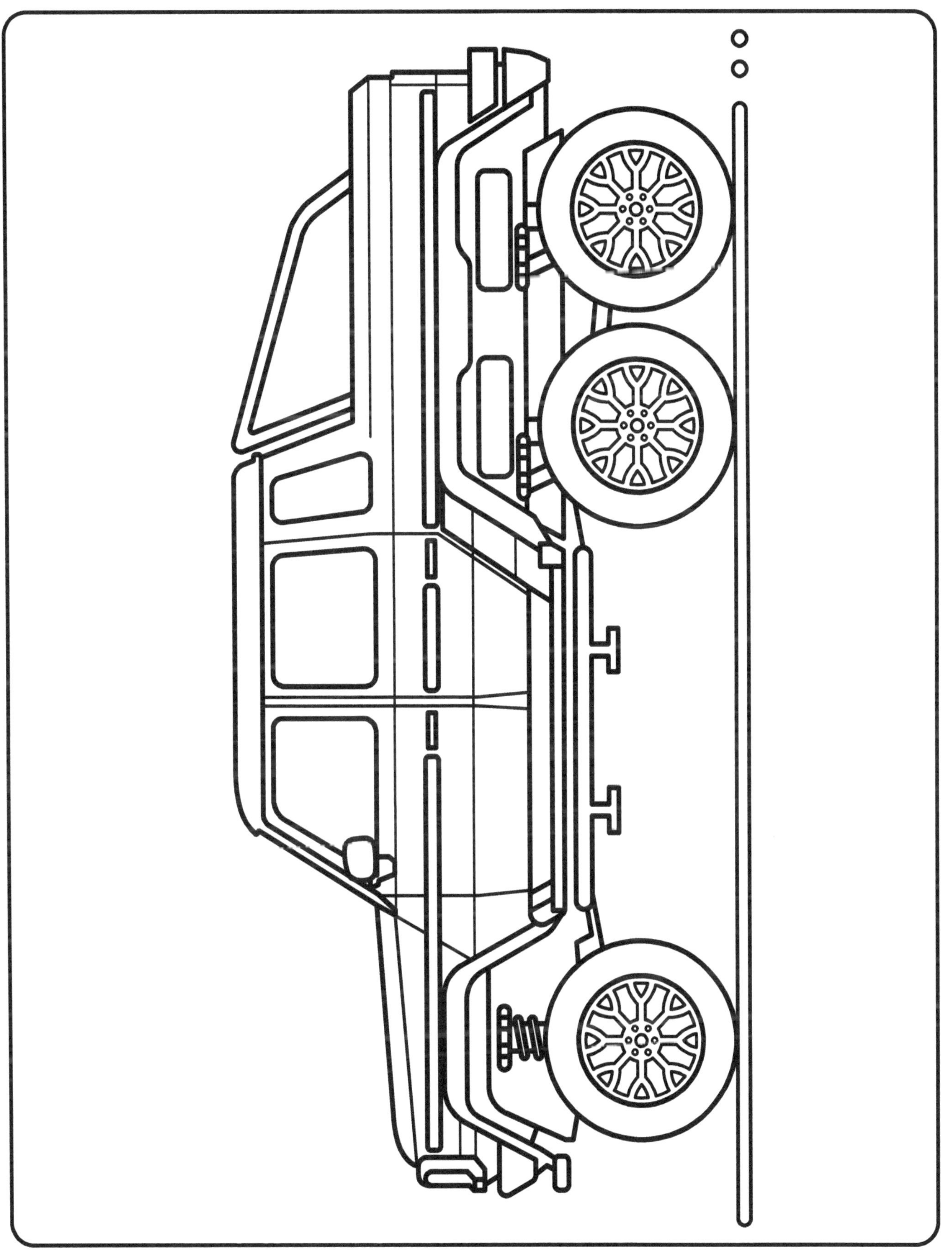

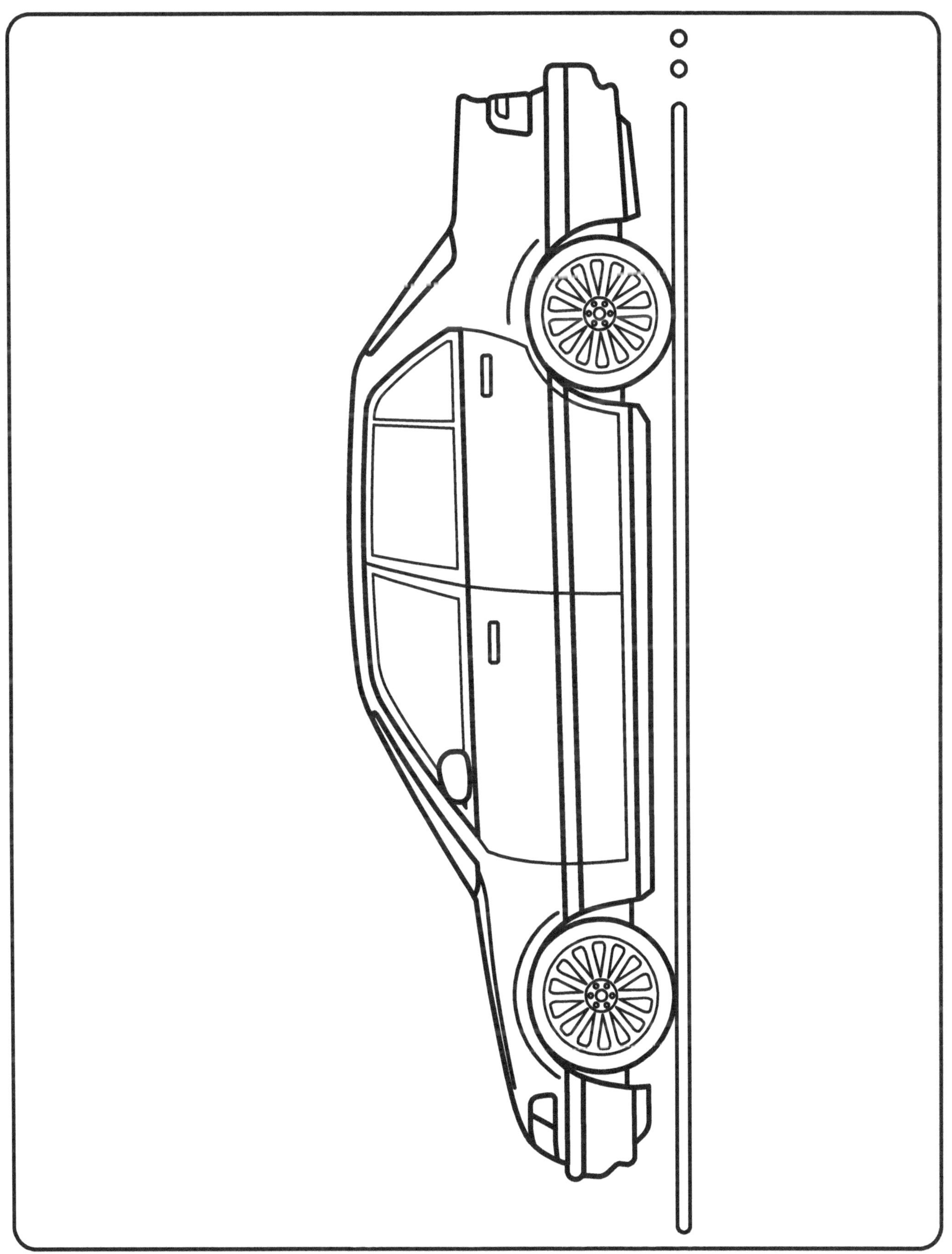

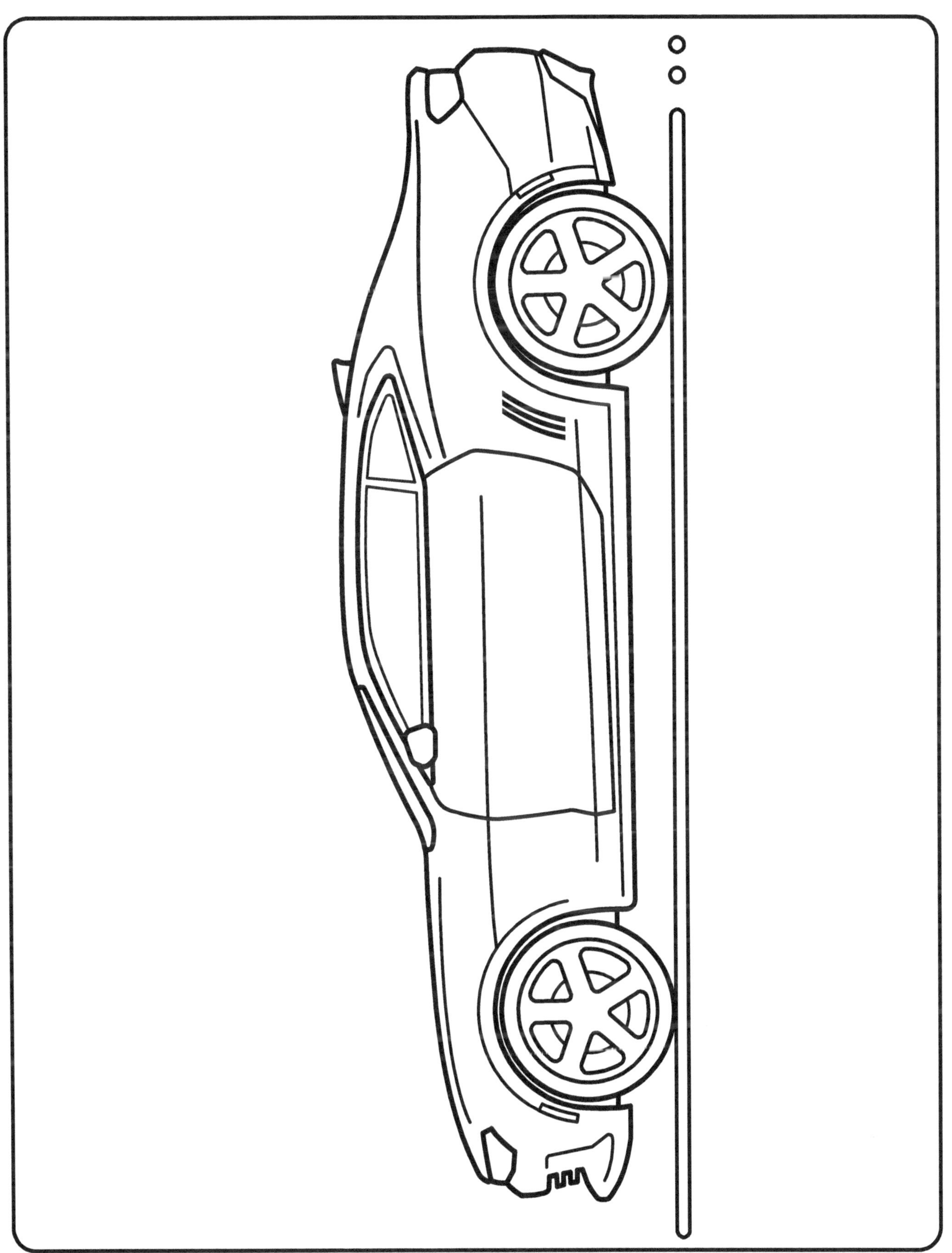

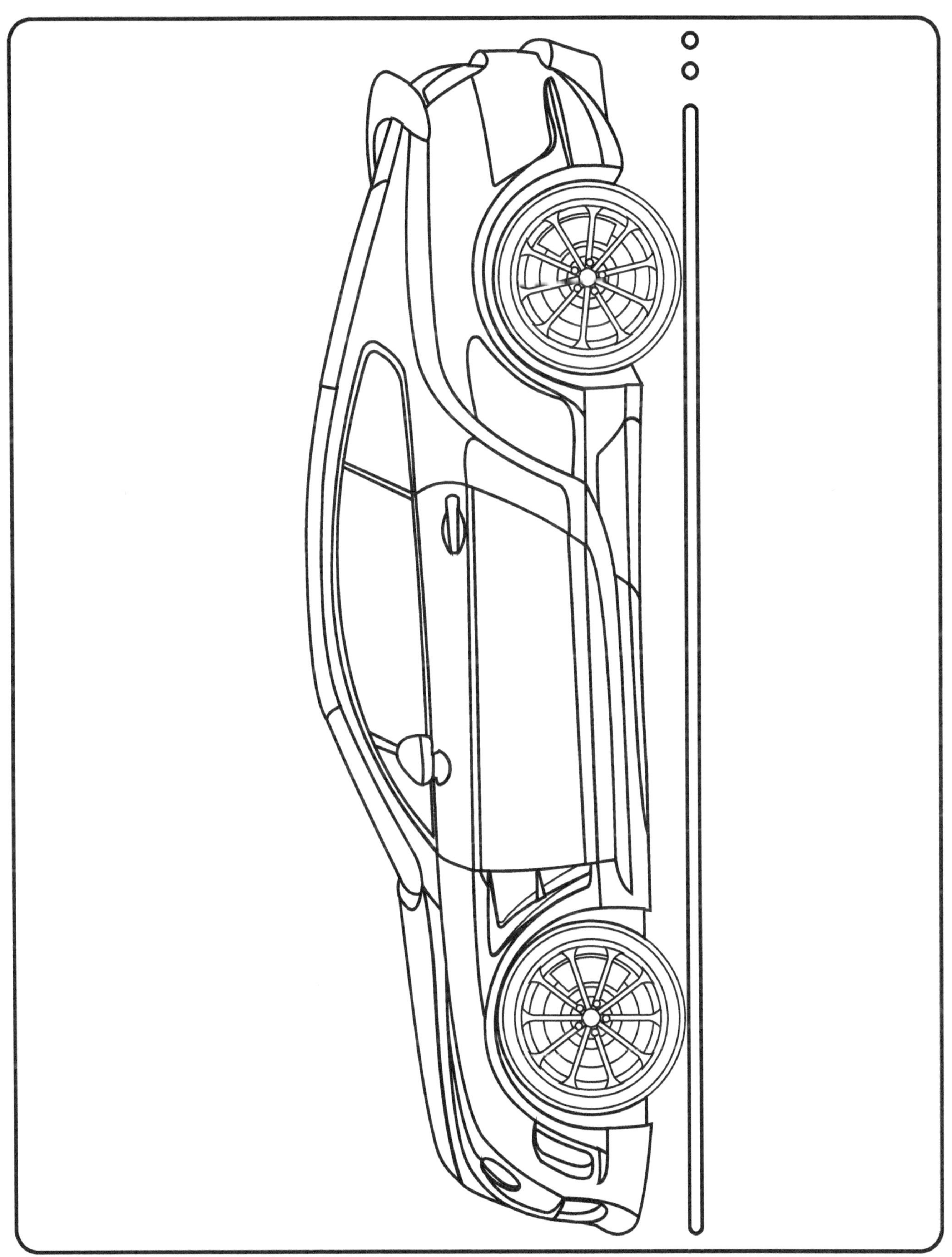

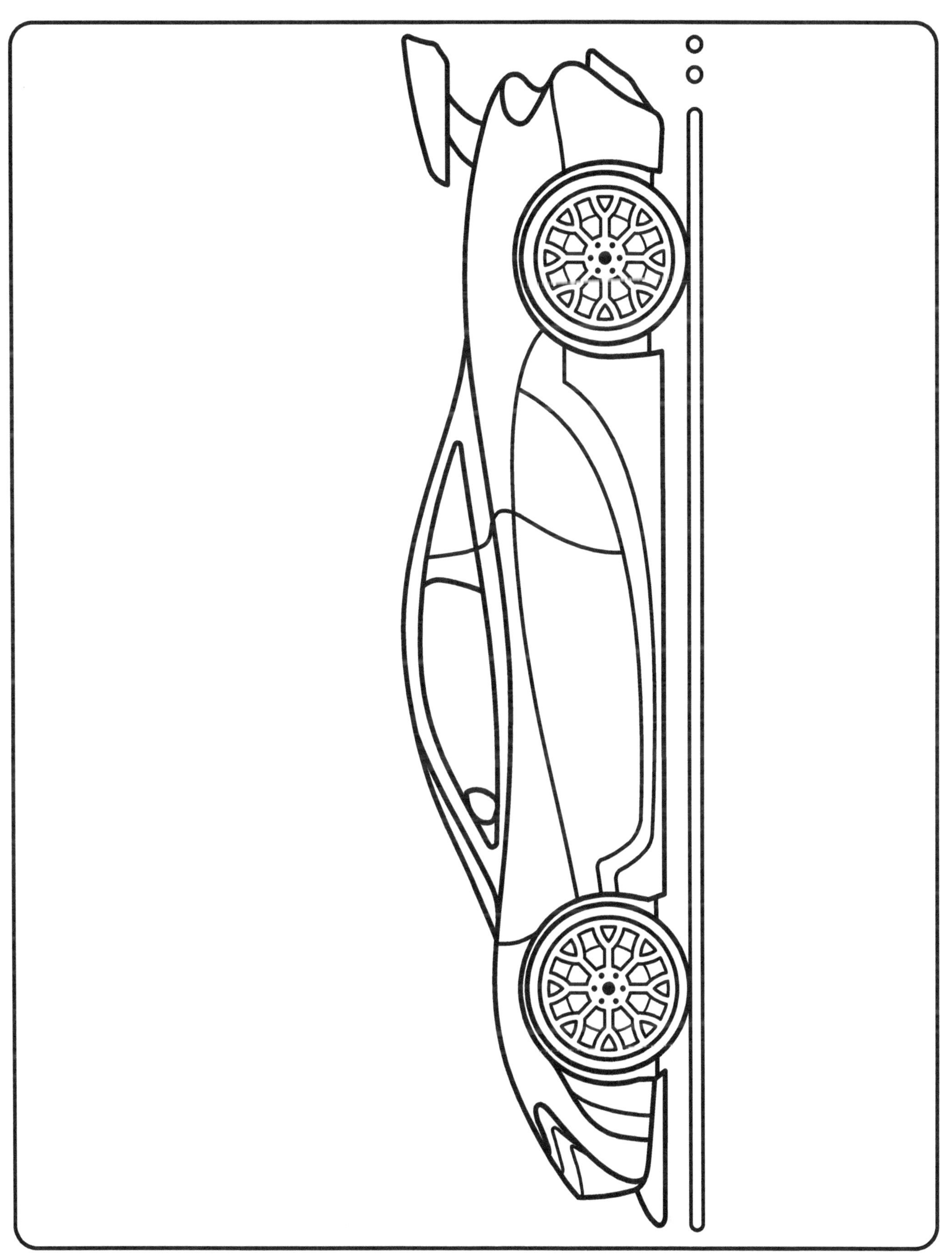

Merci pour votre confiance